Syra et animālia

20 additional stories
based on *Syra sōla*
by Lance Piantaggini

Poētulus Publishing
magisterp.com

Index Capitulōrum
(et Cētera)

Praefātiō

This collection of 20 stories supplies students with over 2000 total words of additional input that could be used to reinforce the vocabulary in each chapter of *Syra sōla* through Expanded Readings (ExR). Alternatively, use as a Free Voluntary Reading (FVR) option for all Latin learners, regardless of reading the original novella.

The story expansions expose students to far more words than in the original novella (i.e. 35 to 85) in order to support reading the next level of novellas. *Syra et animālia* features the most super clear cognates in Pisoverse novellas to date with 60, and 40 of which have meaning established in the text.

Lauren Aczon's illustrations found throughout the Pisoverse appear once again in this latest novella. For some animals, I watched How2DrawAnimals on YouTube, and tried my hand at a bit of drawing.

Magister P[iantaggini]
Northampton, MA
August 2nd, 2019

I
Syra sōla

1 - particulārēs et quiētī

Syra Rōmāna est.

Syra est Rōmāna particulāris.[1] Syrae placet esse sōlum. Syra sociābilis[2] nōn est.

sed, Syra amīcōs multōs habet. multī amīcī Syrae sociābilēs sunt.

Sextus est sociābilis.

Rūfus quoque sociābilis est.

---

[1] **particulāris** *particular*
[2] **sociābilis** *sociable*

sed, amīcī Syrae differentēs[3] sunt.

Quīntus...Quīntus nōn est sociābilis. Quīntus differēns est.

Quīntus particulāris est. Quīntus cautus[4] est. Quīntus est Rōmānus cautus et particulāris.

Quīntus quoque quiētus[5] est. Quīntō placet esse quiētum. Syrae quoque placet esse quiētum.

Syra et Quīntus Rōmānī particulārēs et quiētī sunt.

---

[3] **differentēs** *different*
[4] **cautus** *cautious*
[5] **quiētus** *quiet*

2 - animālia cōnsūmere

Rōmānīs particulāribus alia[6] placent, et alia nōn placent. nōn omnēs, sed multī Rōmānī animālia cōnsūmunt. aliīs Rōmānīs nōn placet cōnsūmere animālia.

amīcīs Syrae animālia cōnsūmere placet. Sextus, Rūfus, et Quīntus animālia varia cōnsūmunt. sed, Syra animālia nōn cōnsūmit. Syra numquam animālia cōnsūmit. Syra particulāris est.

Rōmānī cōnsūmunt aprōs.

---

[6] **alia...alia...** *some things...other things...*

Sextus:
"volō habēre aprum ad cōnsūmendum!"[7]

Rōmānī pāvōnēs cōnsūmunt.

Rūfus:
"volō pāvōnem ad cōnsūmendum habēre!"

Rōmānī piscēs cōnsūmunt...

Quīntus:
"volō omnēs piscēs ad cōnsūmendum!"

---

[7] **ad cōnsūmendum** *for consuming (i.e. eating)*

...et Rōmānī ovēs, mūrēs, cervōs,[8] et multa animālia alia quoque cōnsūmunt!

cervus

mūs

ovis

sed, Syra animālia numquam cōnsūmit. Syrae animālia placent.

---

[8] **ovēs, mūrēs, cervōs cōnsūmunt** *eat sheep, mice, and deer*

II
Rōmae

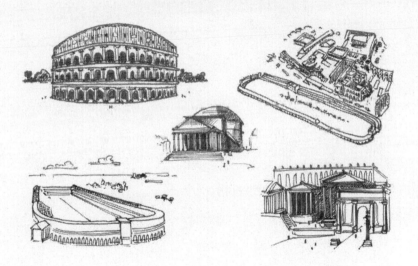

1 - Rōma populōsa

Syrae placet esse quiētum. sed, Rōma quiēta nōn est. Syrae placet silentium.[1]

sed, nōn est silentium Rōmae. Quīntō silentium quoque placet.

Syra et Quīntus Rōmae sunt. Quīntus amīcus Syrae est, sed Syra sōla esse vult. Syra silentium vult. sed, Syra nōn vult offendere[2] amīcum Quīntum. Syra impatiēns est.

Rōma populōsa[3] — nōn — populōSISSIMA est! Rōmānī ubīque sunt Rōmae!

---

[1] **silentium** *silence*
[2] **offendere** *to offend*
[3] **populōsa** *populous*

Syra vult esse sōla. sed, Syrae quoque animālia placent. Syrae animālia placent, sed nōn ad cōnsūmendum.[4] sunt multa animālia Rōmae.

Syra animal vult. Syra animal domesticum[5] vult. Quīntus quoque animal domesticum vult.

---

[4] **ad cōnsūmendum** *for consuming (i.e. eating)*
[5] **animal domesticum** *domestic animal (i.e. a pet)*

2 - animal domesticum typicāle

multī Rōmānī animālia cōnsūmunt. Rōmānī putant animālia esse[1] dēliciōsa.

aprī dēliciōsī sunt.

ovēs sunt dēliciōsī.

piscēs et cervī dēliciōsī sunt...

...et mūrēs dēliciōsī— nōn—dēliciōSISSimī sunt!

Rōmānī quoque putant pāvōnēs esse dēliciōsissimōs.

---

[1] **putant animālia esse** *think that animals are*

Quīntus animālia cōnsūmit. Quīntus quoque putat mūrēs et pāvōnēs esse dēliciōsissimōs. Syra, autem, nōn putat pāvōnēs esse dēliciōsissimōs. Syra animālia numquam cōnsūmit. Syra est intolerāns animālia cōnsūmendī.² Syra et Quīntus animal domesticum volunt.

Quīntus:
"Syra, vīsne habēre aprum?"

Syra:
"Quīnte, est rīdiculum! aprī animālia rapida et violenta sunt! aprī nōn sunt animālia domestica."

Quīntus:
"volō habēre pāvōnem."

---

² **intolerāns animālia cōnsūmendī** *intolerant of eating animals*

Syra:
"Quīnte, nōlī esse stupidus![3] pāvō animal domesticum, sed pretiōsum est!"

Quīntus:
"bene, sed volō animal domesticum. volō canem! canis est animal domesticum Rōmānum typicāle. volō canem ad domum dēfendendam!"[4]

canis
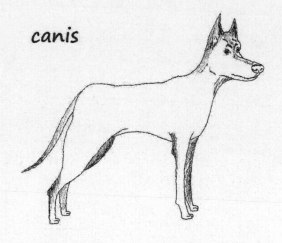

Syra:
"volō canem quoque!"

---

[3] **stupidus** *stupid*
[4] **ad domum dēfendendam** *in order to defend the house*

III
domī

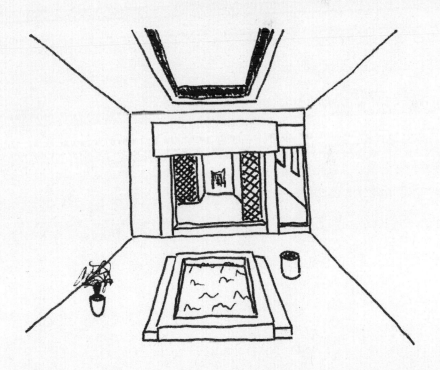

1 - in Vīminālī

Syra est domī. domus quiēta est. sed, familia Syrae quoque domī est. Syra familiam ignōrat. Syra familiam ignōrat, et offendit. Syra animal domesticum vult. Syra canem vult.

Syra:
"suntne animālia in Vīminālī?"

iam, familia Syram ignōrat. sed, familia nōn offendit Syram.

Syra ad Vīminālem it.

Syra canem vult, sed nōn ad cōnsūmendum.[1] Syra animal domesticum vult. Syra vult habēre canem ad domum dēfendendam!"[2]

Syra intolerāns est animālia cōnsūmendī. Syra vult animal adoptāre.[3]

Syra ad Vīminālem it ad canem adoptandum.

---

[1] **nōn ad cōnsūmendum** *not for consuming (i.e. eating)*
[2] **ad domum dēfendendam** *in order to defend the house*
[3] **adoptāre** *to adopt*

2 - animālia Aegyptia

Syra animal habēre vult. sed, Syra fēlem nōn vult.

fēlēs

Rōmānī multī nōn putant fēlēs esse[4] animālia domestica bona. fēlēs animal Aegyptium est. Rōmānīs multīs nōn placent animālia Aegyptia. multī Rōmānī fēlēs nōn habent.

māter Quīntī, autem, fēlēs domesticās habet.

---

[4] **nōn putant fēlēs esse** *don't think that cats are*

māter Quīntī est particulāris et differēns. māter Quīntī quoque serpentēs domesticās habet— horrōrem!

Quīntus:
"Syra, māter serpentēs domesticās habet. vīsne habēre serpentēs?"

Syra, autem, serpentēs nōn vult. Syra canem vult.

Syra:
"horrōrem! Quīnte, sit terribile!"[5]

Quīntus:
"vah! Syra, nōlī esse difficilis! serpentēs omnēs mūrēs cōnsūmunt. serpentēs sacrae deō Aesculāpiō sunt. sunt bona animālia!"

---

[5] **sit terribile** *it would be terrible*

Syra:
"Quīnte, volō adoptāre animal domesticum typicāle! volō īre ad Vīminālem ad canem adoptandum. vīsne īre ad Vīminālem quoque?"

Quīntus:
"quoque volō canem. eāmus,[6] amīca!"

---

[6] **eāmus!** *Let's go!*

IV
in Subūrā

1 - canem adoptāre

Syra et Quīntus ad Vīminālem eunt.
Syra et Quīntus iam in Subūrā sunt.
Subūra populōsa est.

Subūra quiēta nōn est. sunt nimis
multī Rōmānī in Subūrā!

Syra:
"Quīnte, volō animal
adoptāre! volō habēre
animal domesticum. volō
īre ad Vīminālem, sed nimis Rōmānī
sunt!"

Quīntus:
"quoque volō
canem adoptāre."

in Subūrā est Rōmānus
impatiēns et frustrātus.[1]
Rōmānus frustrātus vult
ignōrāre   Syram   et
Quīntum.

sed, Rōmānus frustrātus Syram et
Quīntum nōn ignōrat.

Rōmānus frustrātus:
"nōn sunt animālia ad adoptanda
in Vīminālī.
ī ad Forum
Rōmānum!"

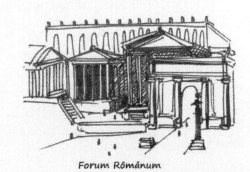

Forum Rōmānum

---

[1] **impatiēns et frustrātus** *impatient and frustrated*

2 - Terrex

iam, Syra et Quīntus ad Forum Rōmānum eunt ad animālia adoptanda.

subitō, Terrex in Subūram currit!

Terrex est Rōmānus arrogāns. Terrex convīvia magnifica habet. Terregī placet cōnsūmere mūrēs, cervōs, piscēs, pāvōnēs, aprōs, et multōs ovēs.

stomachus Terregis ēnormis est! sunt multī ovēs in convīviīs Terregis. Syrae placent ovēs. sed, Syra est intolerāns ovēs cōnsūmendī.

subitō, Syra multōs ovēs in Subūrā videt! magna turba ovium ad Terregem currit!

 *Syra:*
"ovēs bonī sunt! Quīnte, volō adoptāre ovem!"

Quīntus:
"Syra, nōlī esse rīdicula! ovēs ubīque cacant![2]

magna turba ovium ubīque in Subūrā iam cacant. est rīdiculum! Syra et Quīntus ad Forum Rōmānum currunt.

---

[2] **ubīque cacant** *poop everywhere*

V
in Templīs

Panthēum

1 - animālia sacrificant

Rōmānī animālia cōnsūmunt, et Rōmānī animālia adoptant. Rōmānīs placent animālia domestica.

Rōmānī quoque animālia sacrificant.[3] sed, Syrae nōn placent animālia ad sacrificanda.

Syra et Quīntus ad Forum Rōmānum īvērunt. iam, in Forō Syra et Quīntus sunt. sunt multa animālia ad sacrificanda in templīs.[4]

 Quīntus nauseam habet.[5] stomachus Quīntī bonus nōn est. Syra Quīntum ignōrat.

---

[3] **animālia sacrificant** *sacrifice animals*
[4] **ad sacrificanda in templīs** *to be sacrificed in temples*
[5] **nauseam habet** *has nausea (i.e. feels sick)*

mercātōrēs multī quoque sunt in Forō. Syra vult adoptāre animal domesticum. Syra ad mercātōrem it.

mercātor:
"Rōmānula, vīsne habēre animal? habeō animālia varia et magnifica.[6] habeō animālia typicālia et extraōrdināria.[7] habeō animālia ad cōnsūmenda!"

mercātor offert pāvōnem[8] Syrae. sed, Syra mercātōrem ignōrat, et mercātōrem offendit.

Syra:
"Quīnte, eāmus!"

---

[6] **varia et magnifica** *various and magnificent*
[7] **typicālia et extraōrdināria** *typical and extraordinary*
[8] **offert pāvōnem** *offers a peacock*

2 – sacerdōtēs

animālia sacra sunt deīs Rōmānīs.[9] ergō, sacerdōtēs[10] Rōmānī animālia sacrificant. sacerdōtēs quoque volunt vidēre fātum et fortūnam. sacerdōtēs

vident fātum et fortūnam in intestīnīs et in stomachīs animālium.

subitō, Terrex, Rōmānus arrogāns, in Forum Rōmānum currit! in Forō, iam sunt ovēs multī, ubīque cacantēs. est rīdiculum vīsū![11]

Terrex:
"vah! sacerdōtēs, ovēs sacrificāte! sacerrrrdōōōōōtēēēēs!"

---

[9] **sacra sunt deīs Rōmānīs** *are sacred to Roman gods*
[10] **sacerdōtēs** *priests*
[11] **rīdiculum vīsū** *ridiculous to see*

subitō, sacerdōtēs multī ē templīs currunt ad ovēs sacrificandōs!

Quīntus et Syra vident sacerdōtēs in Forō mediō sacrificāre ovēs. Quīntus nauseam habet.

subitō, Syra ovem ātrum sōlum videt!

Syra voluit adoptāre canem. iam, autem, Syra vult adoptāre ovem ātrum! Syra vult ovem ātrum esse[12] animal domesticum.

---

[12] **vult ovem ātrum esse** *wants the black sheep to be*

VI
familia

1 - animālia Āfricāna

in Āfricā, multa animālia gregātim migrant.[1] mercātōrēs ad Āfricam eunt ad animālia captanda.[2]

Rōmānīs animālia Āfricāna placent, et Rōmānī volunt animālia Āfricāna esse animālia domestica.

animālia Āfricāna extraōrdināria sunt. mercātōrēs volunt capere animālia Āfricāna.

---

[1] **gregātim migrant** *migrate in flocks*
[2] **eunt ad animālia captanda** *go to capture animals*

sed, difficile est animālia Āfricāna capere et trānsportāre.[3] mercātōrēs animālia multa et varia Rōmam difficilē trānsportant. Rōmae, Rōmānī volunt animālia Āfricāna domestica.

Rōmae, animālia Āfricāna multa nōn sunt fortūnāta.[4] Rōmānī volunt animālia Āfricāna et gladiātōrēs esse in Amphitheātrō Flāviō.

Rōmānīs animālia Āfricāna varia placent, et Rōmānīs gladiātōrēs variī placent.

---

[3] **capere et trānsportāre** *to capture and transport*
[4] **fortūnāta** *fortunate*

2 - sīmia Terregis

Terrex convīvia multa et extraōrdināria habet. sed, animālia omnia Terregis nōn sunt ad cōnsūmendum.

Terrex sīmiam habet![5]

sīmia

sīmiae animālia pretiōsa—nōn—pretiōSISSima sunt! Terrex sīmiam domesticam habet. sīmia Terregis domum dēfendit.

multī Rōmānī canēs ad domum dēfendendam habent.

Terrex, autem, sīmiam habet.

___

[5] **sīmiam habet** *has an ape*

Terrex quoque habet pāvōnem
domesticum. Terrex cōnsūmit
pāvōnēs, sed nōn pāvōnem
domesticum. pāvōnī nōmen est
"Pāvopapī." Terregī placet Pāvopapī.

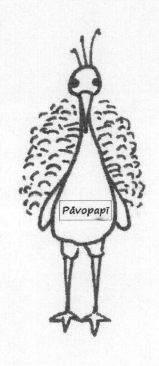

Terrex putat pāvōnēs esse
dēliciōsissimōs ad cōnsūmendum.
Terrex, autem, Pāvopapiem
numquam cōnsūmet. Pāvopapī
animal domesticum bonum est.

pāvōnī est nōmen. sed, sīmiae nōmen nōn est! Terregī nōn placet sīmia. ergō, sīmia offenditur.

Terrex sīmiam offendit. offēnsa, sīmia ubīque cacat in domō Terregis!

sīmia animal domesticum pretiōsum, sed nōn bonum est. omnēs sīmiae sunt animālia domestica difficilia.

VII
amīcī

1 - ovēs ubīque cacant

Quīntus voluit adoptāre canem.
Syra quoque canem
adoptāre voluit. sed,
Syra iam vult
adoptāre ovem!

Quīntus:
"Syra, canem habēre nōn vīs?!"

Syra:
"Quīnte, iam volō ovem!
iam ovem volōōōō!"

Quīntus:
"sed Syra, ovis animal domesticum
nōn est!? ovēs ubīque cacant!"[1]

---

[1] **ubīque cacant** *poop everywhere*

Syra Quīntum ignōrat.

Quīntus:
"Syra! rārum est habēre ovem domī,
animal domesticum."[2]

Syra iam impatientissima est.

 subitō, Syra Quīntum
mordet!

est rīdiculum.[3] Syra amīcum Quīntum
mordet et offendit. Quīntus iam
quiētus est.

---

[2] **animal domesticum** *as a pet*
[3] **est rīdiculum** *it's ridiculous*

2 - sacerdōtem imitārī

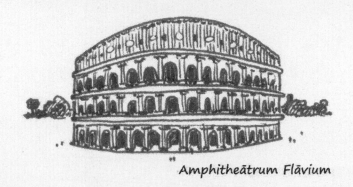

Amphitheātrum Flāvium

in Amphitheātrō Flāviō, gladiātōrēs in animālia pugnant. in ovēs, autem, gladiātōrēs nōn pugnant.

gladiātōrēs in animālia rāra et varia et extraōrdināria pugnant. multa animālia Āfricāna sunt rāra et varia et extraōrdināria.

Syra, autem, nōn vult vidēre animālia in Amphitheātrō Flāviō. ergō, Syra ad Amphitheātrum Flāvium nōn it.

iam, Syra in Forō est, sed nōn sōla est. Rōmānī in Forum gregātim eunt. sunt multae turbae Rōmānōrum in Forō.

Syra vīdit ovem ātrum. iam, Syra ovem adoptāre vult. sed, sacerdōtēs ovēs multōs in Forō mediō sacrificant. ergō, Syra vult sacerdōtem imitārī.[4]

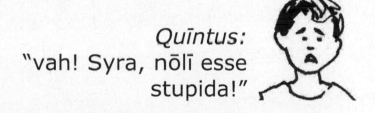

Quīntus:
"vah! Syra, nōlī esse stupida!"

Syra Quīntum iam momordit et offendit. sed, Syra est amīca Quīntī. Quīntus nōn vult Syram esse captīvam.[5]

---

[4] **sacerdōtem imitārī** *to imitate a priest*
[5] **nōn vult Syram esse captīvam** *doesn't want Syra to be a captive*

VIII
Pompēiīs

1 - ēnormis turba

subitō, turba ēnormis[1] in Forum Rōmānum it.

Syra:
"vah! nimis multī Rōmānī sunt in Forō! volō sacerdōtem imitārī,[2] sed ēnormis turba Rōmānōrum in Forō est."

Quīntus:
"Syra, estō quiēta![3] estō quiēta et cauta! cauta, nōn eris captīva. exspectēmus!"[4]

---

[1] **turba ēnormis** *enormous crowd*
[2] **sacerdōtem imitārī** *to imitate a priest*
[3] **estō quiēta!** *Be quiet!*
[4] **exspectēmus!** *Let's wait!*

Quīntus est bonus amīcus Syrae. Quīntus nōn vult Syram esse captīvam. Quīntus et Syra exspectant.

Quīntus et Syra Rōmānōs ōtiōsōs imitantur.[5] Quīntus et Syra ōtiōsē exspectant.

iam, turba ēnormis in Forō Rōmānō nōn est. Syra, sacerdōtem iam simulāns,[6] in templum it.

stomachus Quīntī bonus nōn est. Quīntus nauseam habet, sed exspectat amīcam, Syram.

---

[5] **Rōmānōs imitantur** *imitate Romans*
[6] **simulāns** *simulating*

2 - in silvam animal dūcit

Terrex voluit sacerdōtēs sacrificāre ovēs in Forō mediō. sacerdōtēs ovēs multōs in Forō sacrificāvērunt, deinde ovēs aliōs in templum dūxērunt.

Syra ovem ātrum adoptāre voluit.

ergō, Syra sacerdōtem simulat. iam, Syra in templō est. Syra est ānxia,[7] sacerdōtem simulāns.

sacerdōs:
"sacerdōtēs, sacrificēmus ovēs! sacrificēmus ovēs, et honōrēmus deōs!"[8]

---

[7] **ānxia** *anxious*
[8] **honōrēmus deōs!** *Let's honor the gods!*

sacerdōtibus ovēs sacrificantibus,[9] Syra ovem ātrum videt. cautē, Syra animal ē templō dūcit. Syra fert animal Rōmā, deinde in silvam animal dūcit.

sacerdōtēs Syram nōn vīdērunt.

Syra ovem adoptāre vult, sed nimis multī Rōmānī ovēs cōnsūmere volunt. ergō, Syra ovem ātrum in silvā relinquit, et domum it.

IX
Herculāneī

1 - animālia immēnsa

Syrae placet esse sōlum. sed, Syrae quoque placent animālia. animālia rāra Syrae placent, sed nōn animālia ēnormia. mercātōrēs multī habent animālia rāra Āfricāna.

alia animālia immēnsa,[1] alia animālia moderāta[2] sunt. varia animālia immēnsa Āfricāna sunt elephantī, rhīnocerōtēs, et hippopotamī. animālia Āfricāna moderāta sunt camēlī, et leopardī.

---

[1] **alia immēnsa** *some immense...*
[2] **alia moderāta** *...others moderate (i.e. in size)*

camēlopardalēs sunt animālia Āfricāna extraōrdināria. animālia immēnsa nōn sunt typicālia ad adoptandum.[3] animālia domestica bona nōn sunt.

leopardī quoque bonī ad adoptandum nōn sunt. leopardī violentī[4] sunt, et terribiliter[5] mordent. animālia bona ad adoptandum sunt ovēs, mūrēs, pāvōnēs, canēs, et camēlopardalēs.

---

[3] **ad adoptandum** *for adopting*
[4] **violentī** *violent*
[5] **terribiliter** *terribly*

2 - pāvō in Forō Rōmānō

Syra ovem ātrum in silvā relīquit, sed iam in Forum it.

subitō, Syra pāvōnem rapidē currere videt!

Syra:
"est pāvō in Forō Rōmānō?!"

deinde, Syra videt amīcam Drūsillam quoque currere. Drūsilla pāvōnem vult.

Drūsilla vult pāvōnem ad coquendum. Syrae nōn placet cōnsūmere animālia. ergō, Syra nōn vult Drūsillam capere pāvōnem!

sed, Drūsilla nōn est rapida. Drūsilla rapidē nōn currit. ergō, Drūsilla pāvōnem nōn capiet.

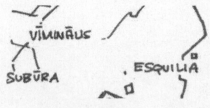

Syra ē Forō Rōmānō, deinde ad Esquiliam it. in Esquiliā, Syra videt pāvōnem differentem. pāvō alius in domō Terregis est.

Syra nōn vult pāvōnem esse coctum.[6] Syrae quoque nōn placet Terrex. Terrex est Rōmānus arrogāns.

Syra iam vult ferre pāvōnem Rōmā.[7] ergō, Syra coquum Terregis imitātur.

---

[6] **esse coctum** *to be cooked*
[7] **ferre Rōmā** *to carry away from Rome*

X
camēlopardalis

1 - coquum simulāvit

nimis multī Rōmānī animālia cōnsūmunt. sed, Syra animālia nōn cōnsūmit. in Esquiliā, Syra pāvōnem vīdit. pāvō in domō Terregis fuit.

Syra nōn voluit pāvōnem esse coctum. ergō, Syra coquum simulāvit.

coquum simulāns,[1] Syra ānxia[2] iam est. Syra in domum Terregis it. Syra videt coquum īre in culīnam. Syra quoque in culīnam it.

in culīnā Terregis, multī coquī sunt. coquī Syram ignōrant.

subitō, Terrex in culīnam it!

---

[1] **coquum simulāns** *simulating a cook*
[2] **ānxia** *anxious*

 *Terrex:*
"coquī, animālia
cōnsūmere volō...volō
cōnsūmere iam!"

multī coquī ānxiī sunt. Terrex
terribilis est! coquī nōn volunt
offendere Terregem. Terrex vult
animālia esse cocta.[3]

---

[3] **vult animālia esse cocta** *wants animals to be cooked*

2 - dea Iūnō

coquīs animālia coquentibus,[4] Syra pāvōnem ē domō Terregis cautē dūxit, deinde quiētē discessit!

iam, Syra animal ad silvam fert. Syra pāvōnem in silvā relinquere vult. pāvō animal extraōrdinārium est!

subitō, dea Iūnō in silvā vidētur![5]

---

[4] **coquīs animālia coquentibus** *with the cooks cooking the animals*
[5] **in silvā vidētur** *is seen in the forest*

deae Iūnōnī pāvōnēs placent. Iūnō putat pāvōnēs esse[6] magnificōs. pāvōnēs animālia sacra sunt deae Iūnōnī. Syra vult deam Iūnōnem honōrāre. ergō, Syra pāvōnem Iūnōnī offert. Iūnō est laeta.

Iūnō laeta est quia animal sacrum iam habet. ergō, Iūnō et pāvō ā silvā discēdunt!

Syra laeta est quia Terrex pāvōnem nōn cōnsūmpsit. Syra quoque laeta est quia iam sōla in silvā quiētā et magnificā est.

---

[6] **putat pāvōnēs esse** *thinks that peacocks are*

subitō, Syra ovem ātrum videt!

Syra iam nōn sōla est, sed ovēs Syrae placent. ergō, Syra laeta est. ovis laetus est quia nōn coctus est! laetī, Syra et ovis ā silvā discēdunt.

Index Verbōrum

A

a/ab *from, away from, by*
ad *towards, for*
adoptanda *for adopting*
  adoptandum *for adopting*
  adoptant *(more than one) adopt*
  adoptāre *to adopt*
Aegyptia *Egyptian (more than one)*
  Aegyptium *Egyptian*
Aesculāpiō *Asclepius, Apollo's son and god of medicine*
Āfricam *Africa*
  Āfricā *Africa*
Āfricāna *African (more than one)*
alia *some...others..., others*
  aliīs *other (more than one)*
  aliōs *other (more than one)*
  alius *other*
amīca *friend*
  amīcam *friend*
  amīcī *friends*
  amīcīs *friends*
  amīcōs *friends*
  amīcum *friend*
  amīcus *friend*
Amphitheātrō Flāviō *Flavian Amphitheater (i.e. Colosseum)*
  Amphitheātrum Flāvium *Flavian Amphitheater (i.e. Colosseum)*
animal *animal*
  animālia *animals*
  animālium *of animals*
ānxia *anxious*
  ānxiī *anxious (more than one)*
aprī *wild boars*
  aprōs *wild boars*
  aprum *wild boar*
arrogāns *arrogant*
ātrum *dark, black*
autem *however*

B, C

bene *well, OK*
  bona *good*
  bona *good (more than one)*
  bonī *good (more than one)*
  bonum *good*
  bonus *good*
cacant *(more than one) kaka (i.e. poop)*
  cacantēs *(more than one) pooping*
  cacat *poops*
camēlī *camels*
camēlopardalēs *giraffes*
canem *dog*
  canēs *dogs*
  canis *dog*
capere *to capture, to catch*
  capiet *will catch*
  captanda *for capturing (more than one)*
captīva *cative*
  captīvam *captive*
cauta *cautious*
  cautē *cautiously*
  cautus *cautious*
cervī *deer*
  cervōs *deer*
cocta *cooked (more than one)*
  coctum *cooked*
  coctus *cooked*
cōnsūmenda *for consuming (i.e. eating) (more than one)*
  cōnsūmendī *of eating*
  cōnsūmendum *for eating*
  cōnsūmere *to eat*
  cōnsūmet *will eat*
  cōnsūmit *eats*
  cōnsūmpsit *ate*
  cōnsūmunt *(more than one) eat*
convīvia *dinner parties*
  convīviīs *dinner parties*
coquendum *for cooking*
  coquentibus *(more than one) cooking*
  coquunt *(more than one) cook*
coquī *cooks (i.e. the people who cook)*
  coquīs *cooks*
  coquum *a cook*
culīnā *kitchen*
  culīnam *kitchen*

currere *to run*
  currit *runs*
  currunt *(more than one) run*

D

dea *goddess*
  deae *goddesses, of the goddess*
  deam *goddess*
  deīs *gods*
  deō *god*
  deōs *gods*
dēfendendam *for defending*
  dēfendendum *for defending*
  dēfendit *defends*
deinde *then*
dēliciōsa *delicious*
  dēliciōsa *delicious (more than one)*
  dēliciōsī *delicious (more than one)*
  dēliciōsissimī *very delicious (more than one)*
  dēliciōsissimōs *very delicious (more than one)*
differēns *different*
  differentem *different*
  differentēs *different (more than one)*
difficile *difficult*
  difficilē *difficultly*
  difficilia *difficult (more than one)*
  difficilis *difficult*
discēdunt *(more than one) leave*
  discessit *left*
domestica *domestic*
  domestica *domestic (more than one)*
  domesticam *domestic*
  domesticās *domestic (more than one)*
  domesticum *domestic*
domī *at home*
  domō *from the house*
  domum *house*
  domus *house*
Drūsilla *Drusilla, Syra's fried*
  Drūsillam *Drusilla*
dūcit *leads*
  dūxērunt *(more than one) led*
  dūxit *led*

E

ē/ex *out of, from, out from*
eāmus! *Let's go!*
elephantī *elephants*
ēnormia *enormous (more than one)*
  ēnormis *enormous*
ergō *ergo, therefore*
eris *you will be*
Esquiliam *Esquiline, one of Rome's seven famous hills*
  Esquiliā *Esqulline*
esse *to be*
  est *is*
  estō! *Be!*
et *and*
eunt *(more than one) go*
exspectant *(more than one) expect*
  exspectat *expect*
  exspectēmus! *Let's expect!*
extraōrdināria *extraordinary (more than one)*
  extraōrdinārium *extraordinary*

F

familia *family*
  famillam *family*
fātum *fate*
fēlem *cat*
  fēlēs *cat, cats*
ferre *to carry*
  fert *carries*
Forī *of the Forum, Rome's center marketplace*
  Forō *Forum*
  Forum *Forum*
fortūnam *fortune*
fortūnāta *fortunate*
frustrātus *frustrated*
fuit *was*

G, H

gladiātōrēs *gladiators*
gregātim *in flocks, in herds*
habent *(more than one) have*
  habeō *I have*
  habēre *to have*
  habet *has*

hippopotamī *hippopotamuses*
honōrāre *to honor*
  honōrēmus! *Let's honor!*
horrōrem! *What horror!*

I

iam *now*
ignōrant *(more than one) ignore*
  ignōrāre *to ignore*
  ignōrat *ignores*
imitāns *imitating*
  imitantur *(more than one) imitate*
  imitārī *to imitate*
  imitātur *imitates*
immēnsa *immense (more than one)*
impatiēns *impatient*
  impatientissima *very impatient*
in *in, on, into*
intestīnīs *intestines*
intolerāns *intolerant*
Iūnō *Juno, goddess of marriage and Jupiter's wife*
  Iūnōnem *Juno*
  Iūnōnī *for Juno*
ī! *Go!*
  īre *to go*
  it *goes*
  īvērunt *(more than one) went*

L,M

laeta *happy*
  laetī *happy (more than one)*
  laetus *happy*
leopardī *leopards*
magna *big*
magnifica *magnificent (more than one)*
  magnificā *magnificent*
  magnificōs *magnificent (more than one)*
māter *mother*
mediō *middle*
mercātor *merchant*
  mercātōrem *merchant*
  mercātōrēs *merchants*
migrant *(more than one) migrate*
moderāta *moderate*
momordit *bit*

mordent *(more than one) bite*
mordet *bites*
multa *many*
  multae *many*
  multī *many*
  multīs *many*
  multōs *many*
mūrēs *mouses/mice*

N, O

nauseam *nauseous*
neque *neither...nor, not, and not*
nimis *too much, too*
nōlī! *Don't!*
nōmen *name*
nōn *not, doesn't*
numquam *never*
offendere *to offend*
  offendit *offends*
  offenditur *is offended*
  offēnsa *offended*
offert *offers*
omnēs *all*
  omnia *all*
ōtiōsē *leisurely (i.e. relaxed)*
  ōtiōsōs *relaxed (more than one)*
ovem *a sheep*
  ovēs *sheep*
  ovis *a sheep*
  ovium *of sheep*

P

particulārēs *particular (more than one)*
  particulāribus *particular (more than one)*
  particulāris *particular*
Pāvopapiem *Pavopapi, Terrex's peacock*
  Pāvopapī *Pavopapi*
pāvō *peacock*
  pāvōnem *peacock*
  pāvōnēs *peacocks*
  pāvōnī *peacock*
piscēs *fish*
placent *like (more than one thing)*
  placet *like*
populōsa *populous*

populōsissima *very populous*
pretiōsa *precious*
  pretiōsissima *very precious*
  pretiōsum *precious*
pugnant *(more than one) fight*
putant *(more than one) think*
  putat *thinks*

Q, R
quia *because*
quiēta *quiet*
  quiētā *quiet*
  quiētē *quietly*
  quiētī *quiet (more than one)*
  quiētum *quiet*
  quiētus *quiet*
Quīnte *"Quintus..."*
  Quīntī *of Quintus*
  Quīntō *Quintus*
  Quīntum *Quintus*
  Quīntus *Quintus*
quoque *also*
rapida *rapid (i.e. fast)*
  rapidē *quickly*
rāra *rare (more than one)*
  rārum *rare*
relinquere *to relinquish (i.e. leave behind)*
  relinquit *leaves behind*
  relīquit *left behind*
rhīnocerōtēs *rhinoceroses*
rīdicula *ridiculous*
  rīdiculum *ridiculous*
Rōma *Rome*
  Rōmā *from Rome*
  Rōmae *in Rome*
  Rōmam *to Rome*
Rōmāna *Roman*
  Rōmānī *Romans, Roman (more than one)*
  Rōmānīs *Romans*
  Rōmānō *Roman*
  Rōmānōrum *of Romans*
  Rōmānōs *Romans, Roman (more than one)*
  Rōmānula *little Roman*
  Rōmānum *Roman*
  Rōmānus *Roman*
Rūfus *Rufus, Syra's friend*

S

sacerdōs *priest*
  sacerdōtem *priest*
  sacerdōtēs *priests*
  sacerdōtibus *priests*
sacra *sacred (more than one)*
  sacrae *sacred (more than one)*
  sacrum *sacred*
sacrificanda *for sacrificing (more than one)*
  sacrifIcandōs *(more than one) for sacrificing*
  sacrificant *(more than one) sacrifice*
  sacrificantibus *(more than one) sacrificing*
  sacrificāre *to sacrifice*
  sacrificāte! *(more than one) Sacrifice!*
  sacrificāvērunt *(more than one) sacrificed*
  sacrificēmus! *Let's sacrifice!*
sed *but*
serpentēs *serpents*
Sextus *Sextus, Syra's friend*
silentium *silence*
silvam *forest*
  silvā *forest*
sīmia *ape*
  sīmiae *apes*
  sīmIam *ape*
simulāns *simulating*
  simulat *simulates*
  simulāvit *simulated*
sit *could be*
sociābilēs *sociable (more than one)*
  sociābilis *sociable*
sōla *sole, alone*
  sōlum *alone*
stomachīs *stomachs*
  stomachus *stomach*
stupida *stupid*
  stupidus *stupid*
subitō *suddenly*
Subūra *Subura, lower class neighborhood of Rome*
  Subūrā *Subura*
  Subūram *Subura*
sunt *(more than one) are*
  suntne? *Are (more than one)?*
Syra *Syra, our Roman girl*
  Syrae *Syra*
  Syram *Syra*

T

templīs *temples*
  templō *temple*
  templum *temple*
Terregem *Terrex, a wealthy Roman*
  Terregī *Terrex*
  Terregis *of Terrex*
  Terrex *Terrex*
terribile *terrible*
  terribilis *terrible*
  terribiliter *terribly*
trānsportant *(more than one) transport*
  trānsportāre *to transport*
turba *crowd*
  turbae *crowds*
typicāle *typical*
  typicālia *typical (more than one)*

U, V

ubīque *everywhere*
vah! *Ah!*
varia *various (more than one)*
  variī *various (more than one)*
vident *(more than one) see*
  vidēre *to see*
  vīdērunt *(more than one) saw*
  videt *sees*
  vidētur *is seen, seems*
  vīdit *saw*
Vīminālem *Viminal, one of Rome's seven famous hills*
  Vīminālī *Viminal*
violenta *violent (more than one)*
  violentī *violent (more than one)*
vīs *you want*
  vīsne? *Do you want?*
  vīsū *to see*
volō *I want*
  voluit *wanted*
  volunt *(more than one) wanted*
vult *wants*

Pisoverse Novellas & Resources

Magister P's Pop-Up Grammar

Pop-Up Grammar occurs when a student—not teacher—asks about a particular language feature, and the teacher offers a very brief explanation in order to continue communicating (i.e. interpreting, negotiating, and expressing meaning during reading or interacting).

Teachers can use this resource to provide such explanations, or students can keep this resource handy for reference when the teacher is unavailable. Characters and details from the Pisoverse novellas are used as examples of the most common of common Latin grammar.

Rūfus lutulentus
(20 words)

Was there a time when you or your younger siblings went through some kind of gross phase? Rufus is a Roman boy who likes to be muddy. He wants to be covered in mud everywhere in Rome, but quickly learns from Romans who bathe daily that it's not OK to do so in public. Can Rufus find a way to be muddy?

Rūfus Teacher's Materials

There is one section of Grammar Topics found in the entire novella (organized according to NLE syllabi). Each chapter includes a Vocabulary section with Phrases/Structures, New Words & New Forms, Possible Discussion Questions, 2 illustrated Expanded Readings (ExR) from Rūfus et Lūcia: līberī lutulentī, 10 Sentences for Dictātiō (standard, Running, or Egg), 2 Word Clouds, 2 Storyboards (Storyboard Dictation, and Read & Draw), as well as a Glossary.

Rūfus et Lūcia: līberī lutulentī
(25-70 words)

Lucia, of Arianne Belzer's Lūcia: puella mala, joins Rufus in this collection of 18 additional stories. This muddy duo has fun in the second of each chapter expansion. Use to provide more exposure to words from the novella, or as a Free Voluntary Reading (FVR) option for all students, independent from Rūfus lutulentus.

Syra sōla
(29 words)

Syra likes being alone, but there are too many people everywhere in Rome! Taking her friend's advice, Syra travels to the famous coastal towns of Pompeii and Herculaneum in search of solitude. Can she find it?

Syra et animālia
(35-85 words)

In this collection of 20 additional stories, Syra encounters animals around Rome. Use to provide more exposure to words from the novella, or as a Free Voluntary Reading (FVR) option for all students, independent from Syra sōla.

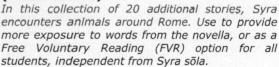

Pīsō perturbātus
(36 words)

Piso minds his Ps and Qs..(and Cs...and Ns and Os) in this alliterative tongue-twisting tale touching upon the Roman concepts of ōtium and negōtium. Before Piso becomes a little poet, early signs of an old curmudgeon can be seen.

Drūsilla in Subūrā
(38 words)

Drusilla is a Roman girl who loves to eat, but doesn't know how precious her favorite foods are. In this tale featuring all kinds of Romans living within, and beyond their means, will Drusilla discover how fortunate she is?

Rūfus et arma ātra
(40 words)

Rufus is a Roman boy who excitedly awaits an upcoming fight featuring the best gladiator, Crixaflamma. After a victorious gladiatorial combat in the Flavian Amphitheater (i.e. Colosseum), Crixaflamma's weapons suddenly go missing! Can Rufus help find the missing weapons?

Rūfus Audiobook

(on iTunes, Amazon, and pisoverse.bandcamp.com) Use the Audiobook for practical classroom listening activities (e.g. dictations, listen & draw, listen & discuss, etc.), for exposure to a different Latin speaker (which also means a break for YOU), and of course, pure entertainment! This is not just audio. There are pauses and sound effects to aid comprehension, drum sounds during page turns, and intro/outro music for ambiance.

Rūfus Teacher's Materials

There is one section of Grammar Topics found in the entire novella (organized according to NLE syllabi). Each chapter includes Phrases/Structures, Possible Discussion Questions, 4 illustrated Expanded Readings (ExR) from Rūfus et gladiātōrēs, 10 Sentences for Dictātiō (standard, Running, or Egg) and 3 Word Clouds, as well as a Glossary.

Teacher's Materials
&
Expanded Readings (ExR)

Rūfus et gladiātōrēs
(49-104 words)

This collection of 28 stories adds details to characters and events from Rūfus et arma ātra, as well as additional, new cultural information about Rome, and gladiators. Use to provide more exposure to words from the novella, or as a Free Voluntary Reading (FVR) option for all students, independent from Rūfus et arma ātra.

Quīntus et nox horrifica
(52 words)

Monsters and ghosts...could they be real?! Is YOUR house haunted? Have YOU ever seen a ghost? Quintus is home alone when things start to go bump in the night in this scary novella. It works well with any Roman House unit, and would be a quick read for anyone interested in Pliny's ghost story.

Pīsō et Syra et pōtiōnēs mysticae
(163 cognates, 7 other words)

Piso can't seem to write any poetry. He's distracted, and can't sleep. What's going on?! Is he sick?! Is it anxiety?! On Syra's advice, Piso seeks mystical remedies that have very—different—effects. Can he persevere?

Drūsilla et convīvium magārum
(58 words)

Drusilla lives next to Piso. Like many Romans, she likes to eat, especially peacocks! As the Roman army returns, she awaits a big dinner party celebrating the return of her father, Julius. One day, however, she sees a suspicious figure give something to her brother. Who was it? Is her brother in danger? Is she in danger?

Agrippīna: māter fortis
(65 words)

Agrippīna is the mother of Rūfus and Pīsō. She wears dresses and prepares dinner like other Roman mothers, but she has a secret—she is strong, likes wearing armor, and can fight just like her husband! Can she keep this secret from her family and friends?

Learning Latin via Agrippina
(on pisoverse.bandcamp.com)

Over 1500 Latin messages on this album! Each chapter includes a) English meaning is given after sentences are read aloud, and then additional questions and statements are made to increase exposure to words/phrases in the chapter, often doubling or tripling the input, b) 10% slower speed, with longer pauses between utterances to allow for processing, and c) a comfortable speaking speed with shorter pauses between utterances.

Learning Latin via

AGRIPPĪNA
MĀTER FORTIS

Agrippīna Teacher's Materials

Each chapter includes a section for Grammar/Culture Topics (organized according to NLE syllabi), Phrases/Structures, New Words & New Forms, Possible Discussion Questions, Choose-Your-Own-Level Readings from the parallel novella Livia: mater eloquens, an Activities section including 10 Sentences for Dictatio (standard, Running, or Egg) and 3 Word Clouds, as well as a Glossary.

AGRIPPĪNA
MĀTER FORTIS

Teacher's Materials
&
Choose-Your-Own-Level Readings

Līvia: māter ēloquens (44-86 words)

Livia is the mother of Drusilla and Sextus. She wears dresses and prepares dinner like other Roman mothers, but she has a secret—she is well-spoken, likes wearing togas, and practices public speaking just like her brother, Gaius! Can she keep this secret from her family and friends? Livia: mater eloquens includes 3 versions under one cover. The first level, (Alpha), is simpler than Agrippina: mater fortis; the second level, (Beta) is the same level, and the third, (Gamma-Delta) is more complex.

fragmenta Pīsōnis (96 words)

This collection of poetry is inspired by scenes and characters from the Pisoverse, and features 50 new lines of poetry in dactylic hexameter, hendecyllables, and scazon (i.e. limping iambics)! fragmenta Pīsōnis can be used as a transition to the Piso Ille Poetulus novella, or as additional reading for students comfortable with poetry having read the novella already.

Pīsō Ille Poētulus
(108 words)

Piso is a Roman boy who wants to be a great poet like Virgil. His family, however, wants him to be a soldier like his father. Can Piso convince his family that poetry is a worthwhile profession? Features 22 original, new lines of dactylic hexameter.

Poetry Audio Album

*(on iTunes, Amazon, and pisoverse.bandcamp.com) Each track on the audio album includes **a)** Piso singing his line of poetry, **b)** an English translation to [re]establish meaning, **c)** the line of poetry repeated to check comprehension, **d)** a slow version of just the rhythm **d)** the normal speed of just the rhythm, and **e)** the line of poetry repeated one last time.*

Pīsō Teacher's Guide

Each chapter includes a Chapter Notes section for Grammar/Culture Topics (organized according to NLE syllabi), comprehension Questions (& responses) in Latin and English, the Poetry rhythms demystified, Phrases/Structures, Thematic Vocabulary, a list of TPRable words, 4 Illustrated Tiered Readings, 10 Sentences for Dictatio (standard, Running, or Egg), One Word At a Time Stories (OWATS), 3 Word Clouds, Who Would/Wouldn't say...? sentences, and a Poetry Practice worksheet (with an Answer Key).

Teacher's Guide

Student Workbook

Compiled from the Teacher's Guide, these workbooks allow each student to have their own 92-page resource for interacting with the text.

Pīsō: Tiered Versions
(68-138 words)

Piso is a Roman boy who wants to be a great poet like Virgil. This novella combines features of Livia: mater eloquens with the tiered versions of the Piso Ille Poetulus story taken from its Teacher's Guide and Student Workbook. There are 4 different levels under one cover, which readers choose, switching between them at any time (e.g. moving up a level for a challenge, or down a level for faster reading and/or higher confidence).

Tiberius et Gallisēna ultima
(155 words)

Tiberius is on the run. Fleeing from an attacking Germanic tribe, the soldier finds himself separated from the Roman army. Trying to escape Gaul, he gets help from an unexpected source—a magical druid priestess (a "Gaul" in his language, "Celt" in hers). With her help, can Tiberius survive the punishing landscape of Gaul with the Germanic tribe in pursuit, and make his way home to see Rufus, Piso, and Agrippina once again?

...and more!
(see magisterp.com for the latest novellas)